Albrecht Prinz von Croÿ

# Benehmen Sie sich!

Kleine Stilkunde für Manager

Albrecht Prinz von Croÿ

# BENEHMEN SIE SICH!

Kleine Stilkunde für Manager

HANSER

Bibliografische Information Der Deutschen Bibliothek
Die Deutsche Bibliothek verzeichnet diese Publikation in der Deutschen Nationalbibliografie; detaillierte bibliografische Daten sind im Internet über http://dnb.ddb.de abrufbar


Internet: http://www.hanser.de
Lektorat: Martin Janik
Herstellung: Ursula Barche
Umschlaggestaltung: büro plan.it, München
Illustrationen: Wolfgang Horsch
Satz: Kösel, Krugzell
Druck und Bindung: Friedrich Pustet, Regensburg
Printed in Germany

ISBN-10: 3-446-40482-1
ISBN-13: 978-3-446-40482-3

9 783446 404823

# Inhalt

# Einleitung

Kennen Sie den Krawattenindex? Nein, er findet sich nicht auf Börsenseiten oder in Wirtschaftsteilen, Reuters und Bloomberg haben ihn nicht im Programm. Der Krawattenindex ist ein Frühindikator, ein Stil- und Benehmen-Seismograph. Viele Führungskräfte in den Unternehmen haben entdeckt, dass ihre fachlichen Unterscheidungsmerkmale durch die Krise der vergangenen Jahre nahezu dahin sind. Jeder, der diese Auslese überlebt hat, muss gut sein. Wie also unterscheiden sich die hochqualifizierten Jungmanager? Worin besteht das „Auslesemerkmal?“ Sogenannte „weiche Faktoren“ haben eine wichtige Funktion bekommen. Korrekte, elegante Kleidung, Auftreten und Ton, Verbindlichkeit ohne Anbiederung, Selbstsicherheit ohne Arroganz. Sie können nicht, sie müssen Ihre Führungseignung durch gutes Benehmen beweisen. Es gewinnt der, der sich zu benehmen weiß. Es verliert der, der es nicht kann, oder schlimmer, dem es egal ist. Für Ihre Zukunft ist es entscheidend, was Sie für Lehren aus den Boomjahren und dem anschließenden Niedergang gezogen haben. Und wie Sie für den Aufschwung gerüstet sind. Der Krawattenindex bildet Ihre Fähigkeit ab, die strenger gewordenen Stil- und Verhaltensweisen für sich zu nutzen.

Dieses Buch will kein Karriereratgeber oder ein Stilführer im klassischen Sinne sein. Es geht auch nicht um die vordergründigen Stilverletzungen. Es geht um die Dinge, die zu wissen dem menschlichen und beruflichen Fortkommen dienlich sind. Das Buch möchte Ihnen aus einem sehr speziellen Blickwinkel und durchaus subjektiv einen anderen Zugang zu Stil und Benehmen vermitteln. Es möchte das anbieten, was heute so inflationär als „Nutzwert“ daher kommt und früher schlicht Lebenshilfe genannt wurde.

Stil ist Charakter. Stil ist die Kleidung der Gedanken. Mode kann man kaufen, Stil muss man haben. Bombastisch und aufdringlich oder bewusst und angemessen: Ein gut geführtes Unternehmen und ein verantwortlicher Manager wissen um die Bedeutung von Stil und Anstand.

# STIL

# Den Rücken freihalten!

*Übersprungshandlung:*
*Widerstehen Sie dem Zeitgeist*
*und schmeißen Sie Ihren*
*Rucksack weg!*

# WARUM TRAGEN SIE RUCKSACK?

In diesem Land ist eine merkwürdige Unart zu bestaunen: Immer mehr Menschen schnallen sich einen Rucksack auf, um Dinge zu transportieren, die sie früher nicht vermisst haben. Ein Gepäckstück für den Gesinnungsschwindel einer immobilen Gesellschaft: Seht her, ich bin flexibel, beweglich und global, stets auf dem Sprung mit all meiner Habe. Zugegeben: Bei unseren Amateurregierungen sollten wir unsere Sachen übersichtlich beisammen und raffinierte Fluchtpläne in petto haben. Aber muss es denn gleich mit dem scheußlichsten aller denkbaren Behältnisse sein? Warum der Rucksack, wo doch dessen Belästigungsfaktor wahrlich zorntreibend ist?

Glauben Sie es mir: Dieses Teil passt auf den Rücken eines Jägers, eines Soldaten auch, vielleicht noch eines Gesellen auf der Walz, aber nicht auf Ihren! Vielleicht möchten Sie dem Zeitgeist huldigen, in Wahrheit signalisieren Sie Mittelmaß. Wer etwas sein oder werden will, versteckt sein Kreuz nicht unter unförmigen grellen Säcken, die ihn zu prähistorisch gekrümmter Haltung zwingen. Sie begeben sich zudem in schlechte Gesellschaft; der Rucksack ist in Wahrheit Ausdruck eines fortschreitenden Egoismus: „Ich schaffe Distanz, brauche meinen Radius, hinter oder neben mir ist nichts." Haben Sie noch nie im Flugzeug, in der U-Bahn oder sonstigen Massentransportmitteln einen Rucksack ins Gesicht geknallt bekommen? Tragen Sie nicht blaue Flecken an beiden Oberarmen, weil Ihresgleichen sich ihrer hässlichen Rückenverlängerung entweder nicht bewusst sind oder aber weil sie ihnen wurscht ist? Haben Sie noch nie einen tonnenschweren Sack auf Ihren Füßen bemerkt und bei Ihrem schüchternen Protest die mächtige Lobby der Beutelträger gespürt? Haben Sie? Dann schmeißen Sie Ihren Rucksack auf den Müll und kehren zurück zu Aktentasche und -koffer! Üben Sie den aufrechten Gang und entwickeln Sie sich so wieder zu einem geachteten Mitglied der Gesellschaft!

Sie sind nicht überzeugt? Sie hängen an Ihrem Rucksack, nicht der Rucksack an Ihnen? Vielleicht hilft die garantiert erfolgreiche Erziehungsmethode bei aufräumunwilligen Kindern: „In deinem Zimmer sieht's aus wie bei Louis Trenker im Rucksack." Dem ledergegerbten Tiroler ähnlich sein wollen nicht mal Kinder. Sie etwa?

# Antworten Sie!

# WIE REAGIEREN SIE AUF EINLADUNGEN?

Es ist doch ein Kreuz mit Führungspositionen: Da prasseln die Einladungen nur so auf Sie nieder, Krethi und Plethi bitten um Ihre gefällige Anwesenheit, damit Sie auch noch so ambitionierte, also sterbenslangweilige Events adeln mögen. Grafiker verfallen in alberne Berufsfrühphasen, Agenturen verschwenden ihre Kreativität und texten wenig stilsicher Einladungen, die mehr einem Befehl als einer Bitte gleichkommen. Und dann – alle Einladungen wollen eine Antwort. Eine termingebundene gar! Welche Zumutung. Wissen die denn nicht, wer Sie sind? Dass Sie nicht alle bedenken können, sorgfältig selektieren müssen, dass Ihre Zeit kostbar und Ihr Vorzimmer anderweitig beschäftigt ist? Ihrer Antwort ist längst nicht jeder würdig, der ein Festzelt aufstellen kann,

Sie müssen schließlich Prioritäten setzen. Wer sind Sie denn!

Falsch gefaucht, Tiger, mit dieser Einstellung landen Sie garantiert als Bettvorleger! So erwerben Sie sich den Ruf eines arroganten Karrieristen, der Sie selbstredend nicht sind, vermutlich auch nicht werden wollen. Geschäftliche Einladungen, von wem und zu was auch immer, sind vor allem eine Würdigung Ihrer Position, erst dann Ihrer Person. Eine Nichtbeachtung fällt also zuerst auf Ihr Unternehmen zurück. So was spricht sich schnell herum! Behandeln Sie daher jede Einladung zunächst gleich. Ihre Assistentin sollte über ein Ablage- und Terminsystem oberhalb der Chaosgrenze verfügen. Reagieren Sie nicht cholerisch, wenn Sie von ihr an fällige Antworttermine erinnert werden. Nichts ist rufschädigender als auf eine bereits geschlossene Gästeliste gelangen zu wollen, nur weil sich der eben noch verschmähte Event als Promimagnet entpuppt. Können Sie dieser Versuchung nicht widerstehen, schicken Sie nicht die Assistentin vor. Geben Sie selbst den Zerknirschten. Und lassen Sie keinesfalls den pampigen Wichtigtuer raushängen. Das führt zu nichts, höchstens auf die schwarze Liste.

Stilistische Super-GAUs sind Nötigung oder gar Erpressung à la: „Wissen Sie nicht, wie gut ich mit Ihrem Chef befreundet bin?“ oder „Ist Ihnen klar, dass ich die Aufträge für Ihr Unternehmen vergebe?“ Sie kennen das Kürzel „u. A. w. g.“ Dechiffrieren Sie es doch in Zukunft mit „um Anstand wird gebeten“!

# Halten Sie Ihr Wort!

# WARUM BRECHEN SO VIELE IHRE VERSPRECHEN?

Da feiert ein dafür nun gerade nicht bekanntes Druckerzeugnis aus Hamburg die Rückkehr der bürgerlichen Werte in der Gesellschaft, zeigt gut erzogene Menschen und nennt als Beweis („in den Zeiten um sich greifender Verlotterung") die Renaissance von Disziplin, Anstand und Höflichkeit. Dass wir das noch erleben dürfen: Unsere alten 68er-Freunde auf dem Rollback zu stilvollem Gebaren, was für feine Renegaten! Doch Recht haben sie: Der Trend, sich wieder benehmen zu wollen und die Tugenden der Altvorderen zur Karriereförderung einzusetzen, hat sich verstärkt. Aber es gibt ärgerliche Lücken! Wo etwa ist die allerehrwürdigste Tugend geblieben, zu einem einmal gegebenen Wort zu stehen?

Ich gebe zu, dass der Begriff Ehrenwort unwiederbringlich besudelt ist. Also vergessen wir ihn! Aber muss an seiner statt gleich das gebrochene Wort stehen? Politiker, die sich an den Wortlaut eines Interviews nicht mehr erinnern wollen; Nachmittagstalkshows, die von gebrochenen Versprechen leben (Ich betrüg dich nie wieder! Heute verspreche ich es dir!); Fußballer, die einmal geschlossene Verträge für einen störenden Fetzen Papier halten, und in Managerseminaren gestählte Chefs, die beflissen gemachte Zugeständnisse nach Belieben widerrufen. Gedächtnisse wie Siebe allenthalben! Mit nichts können Sie Ihren Ruf so nachhaltig ruinieren wie mit einem gebrochenen Wort, glauben Sie mir! Gefallene Worte können Sie nicht mehr aufheben! Also denken Sie nach, ob Sie Gehaltsaufbesserungen auch wirklich versprechen können oder wollen, ob der Sprung auf der Karriereleiter, den Sie einem hoffnungsvollen Jungmanager anbieten wollen, auch in schlechteren Zeiten noch besteht. Und vernachlässigen Sie nicht Ihre eigenen Belange: Lassen Sie sich so viel wie möglich schriftlich geben, auch Dinge, die anfangs eher läppisch daherkommen. Eben dort werden die Wortbrecher mit Verve fündig.

Sie sind eben nicht der Deutsche Bundestag. Sonst könnten Sie nämlich einfach einen Untersuchungsausschuss einsetzen und klären, ob Ihnen gegebene Worte gebrochen wurden. Praktischer Nebeneffekt: Das Ergebnis steht schon vorher fest. Darauf gebe ich Ihnen mein Wort!

# Wegtreten! Umziehen!

*Geschmacksfrage: Neuerdings gefällt sich der deutsche Urlauber in Militärmode.*

# WARUM KLEIDEN SIE SICH IM URLAUB SO SCHEUSSLICH?

Sommers schwärmt es eben aus, das fahrende Volk der Germanen. Keine Depression, kein noch so leerer Geldbeutel kann den Drang über die Grenzen Deutschlands verhindern. Sie exportieren mit Inbrunst und bar jeden Geschmacks das, was sie für deutsche Freizeitkultur halten. Mit den Hüllen fallen die Hemmungen, sich zurückzunehmen und den fremden Landesgepflogenheiten ihre Würde zu lassen. In einigen, vor allem südlichen Teilen Europas erinnert das Gebaren der lieben Landsleute eher an eine „unfreundliche Übernahme" ganzer Landstriche. Und die Kleidung kündet davon: Immer forscher, ja fast militärisch gewandet fällt der Deutsche ins Urlaubsland ein.

Waren es früher der Schlabberlook und die unvermeidliche Adilette, die den Landsmann Kilometer gegen den Wind verrieten, so muss er heute martialischer daherkommen. Bomberjacken, Tarnfarbenhosen, kurz geschorene Sturmfrisuren, mit Rucksäcken bewaffnet wie die Marines, prägen sie plötzlich das Bild der Innenstädte. Dagegen ist das angeblich trendige Matrosenoutfit schon fast friedensnobelpreisverdächtig. Die Trendforscher und Modeseismographen haben flugs reagiert, auf dem Absatz kehrt gemacht und einen Namen für das Phänomen geprägt: „Talibanlook". Was ist da geschmackloser, die „Mode" oder ihr Name? Warum, zum Teufel, können wir Deutschen eigentlich nicht halbwegs zivilisiert im Ausland auftreten? Warum müssen wir immerzu suggerieren, wir wollten das ganze Land in Beschlag nehmen? Treten Sie zurückhaltender auf, wenn Sie Urlaub machen. Das fängt bei der Kleidung an. Vieles, was Sie zu Hause anziehen, geht ohne Gesichtsverlust auch in fremden Ländern. Überlassen Sie das Hawaiihemd drittklassigen Fernsehmoderatoren und widerstehen Sie dem Drang, sich ständig durch zu viel nackte Haut zu prostituieren. Vor allem aber: Beleidigen

Sie das Gastland nicht mit lächerlicher Militärmode!

Nicht jeder Modetrend ist eine erfreuliche Entwicklung zum Guten. Vielleicht hilft die Erkenntnis von Jean-Jacques Rousseau, dem französisch-schweizerischen Dichter und Erziehungstheoretiker: „Der schlechte Geschmack gefällt, sobald er Mode wird." Aber: Er wird nicht besser dadurch!

# Reden Sie richtig an!

# WARUM SIND IHRE E-MAILS SO PLUMP?

„Schreiben Sie einfach: ‚Hallo, Klaus-Dieter'!" Überraschend originell und so herrlich unverkrampft, wie der Verband der Sonnenstudios seine Mitglieder auf einer Internet-Seite in der Kunst des vermeintlich erfolgreichen E-Mail-Marketings unterweist. Hallo, Sonnenstudios, ich weiß, bei euch sind immer alle toll drauf, ganz locker, prima Stimmung, good vibrations eben. Wenn ich aber in einer E-Mail auf diese Weise angeredet werde, hole ich mir meine nächste Gesichtsfärbung im Kohlenkeller, verlasst euch drauf!

Die ausufernde Plumpheit der Umgangsformen hat nun auch das elektronische Medium erfasst, mehr noch, sie wird sogar als hilfreich und zielführend empfohlen. Hatte man sich gerade damit abgefunden, dass lässlicher Umgang mit Sprache und

Rechtschreibung im Internet den Karrieren deutscher Führungsebenen nicht wirklich geschadet hat, wird jetzt die zweite Stufe unterirdischer Manieren im Netz gezündet. Es schwallt nur so von „Hallo“, „Hi“ oder „Guten Tag“, wir sind ja so vertraut, das ist ein schnelles Medium, da können wir uns mit antiquierten Anrede- und Begrüßungsformeln nicht aufhalten. Liebe Stilstümper und Mail-Murkser: Verschont uns mit kindischen Zeitgeistübungen! Im Geschäftsleben gelten weiterhin zivilisatorische Errungenschaften. Wenn Sie Wert darauf legen, auf Ihre E-Mail eine Antwort zu bekommen, so reden Sie Ihr virtuelles Gegenüber korrekt an. Hier stehen die Fettnäpfchen dicht gedrängt. Eine E-Mail ohne Anrede ist eine Geringschätzung und wird Ihren geschäftlichen Erfolg nicht eben beflügeln. Verzichten Sie auf plumpe Vertraulichkeitsfloskeln wie „Hi“ oder „Hallo“! Der richtige Anfang einer E-Mail setzt den Ton für den Rest und also auch für die folgende Geschäftsbeziehung. Wenn Sie die betreffenden Namen nicht in Erfahrung bringen, so ist die Anrede „Sehr geehrte Damen und Herren“ das Mindeste!

Kommen wir zum Schluss. Auch hier hat die „Wir-sind-alle-eine Netzgemeinde"-Mentalität krude Eigenheiten geboren. Von „Schönen Tag noch" über „Ciao" bis hin zu „CU@ ..." wird alles geboten. Das Letzte kennen Sie nicht? Sie Hinterwäldler! Das heißt: „See you at ..." Lustig, oder? Und so locker. See you at next page! Schönen Tag noch!

# Duzen Sie korrekt!

*Umarmungsstrategie:*
*Der Deutsche duzt gern*
*und gern falsch.*

# WARUM DUZEN SIE FALSCH?

Friedrich Merz, der einzige Politiker, dessen zeitweiligen Rückzug man wirklich bedauern mochte, hat eine zweite, steile Karriere vor sich: als Stil-Ikone. Nicht, weil er zugegeben exzellent angezogen ist, sondern weil er mit seinem damaligen Rücktrittsschreiben an Angela Merkel auch ein Zeichen gegen die immer alberner werdende Duzgleichmacherei in der Politik gesetzt hat. „Sehr geehrte Frau Vorsitzende, liebe Angela", überschrieb er seine Demission. Was für ein souveräner Ausweg aus der selbst gestellten Falle, duzen zu müssen, weil man es einmal zugelassen hat. Merz, der sich schon das wahllose und einseitige Duzen des Altkanzlers Kohl verbeten hatte, wahrte die Kleiderordnung. Der Chef verdient die korrekte Anrede, auch wenn Sie ihn dreimal duzen! Distanzwahrung und Respekterweisung. Respekt!

Die Politiker lehren uns seit Längerem schon schlechte Umgangsformen. Es wird geduzt und gekumpelt – und also hemmungslos geheuchelt, denn an der Steigerung Freund, Feind, Parteifreund hat sich in Wahrheit nichts geändert, siehe oben! Hildegard Hamm-Brücher, Grande Dame der FDP, war wohl die Letzte, die der fortschreitenden Sozialdemokratisierung der Umgangsformen widerstand. Sie sieze sogar sich selbst, gestand sie. Seitdem ist nur noch Du! Helmut Kohl rühmte sich ständig der bilateralen Stimmungsdroge, Gorbatschow, Jelzin, Mitterrand, Bush-Vater, Clinton, keiner war sicher. Jahrelang warteten die Beziehungsseismographen angespannt auf den öffentlichen Vollzug der Duzfreundschaft zwischen „Gerhard“ Schröder und „George“ W. Bush. Dabei darf jeder Beisitzer des SPD-Ortsvereins Castrop-Rauxel Süd den Elder Statesman ungefragt duzen. Ganz ernsthaft: Es ist lächerlich und entwürdigend! Internationale Politik hängt ebenso wenig vom Du oder Sie ab wie die Situation Ihres Unternehmens. Schaffen Sie klare Verhältnisse und wahren Sie die berühmte Kleiderordnung. Seien Sie sich gewiss, wo Ihr Platz ist, und widerstehen Sie freundlich, aber eindeutig der Duzmanie!

Es gibt Beispiele, verblüffende dazu! Ein Castor-Gegner und vermutlicher Dauerdemonstrant berichtete über seine Abneigung, sich „von Hans und Franz duzen zu lassen, nur weil man zufällig unter dem gleichen Wasserwerfer liegt“. Wenn die Szene der Berufsprotestler wankt, muss ich nicht alle Hoffnung fahren lassen!

Verhalten ist Tun oder Lassen. Verhalten im Beruf ist der Nachweis von sozialer Kompetenz oder Inkompetenz. Arrogant und herrisch oder authentisch und herzlich: Die berufene, moderne Führungskraft beweist sich vor allem in einem korrekten Umgang mit den eigenen Mitarbeitern.

# VERHALTEN

# Hände aus den Taschen!

# WARUM ENTLASSEN SIE SO STILLOS?

Das lehrt kein Führungskräfteseminar, wie man die bittere Wahrheit anständig verkündet. Kapitaler Unsinn wird verzapft: Mitgefühl sollen Sie zeigen, niemanden kümmere Outfit und Auftreten, wenn der Pink Slip kommt, genauso wenig wie die Todgeweihten sich um Neros Toga-Farbe oder die Maniküre seines Daumens scherten. Ich sage Ihnen: Falsch, ganz falsch! Der Daumen hat sich gnadenlos über einem Heer von Führungskräften gesenkt, weil sie auf eine derart stillose Weise entlassen, dass die Todgeweihten nicht mehr grüßen mögen. Stil entscheidet, wenn wir schon sonst nichts mehr entscheiden können. Damit bleiben Sie wahrlich in Erinnerung, nicht mit der Gnadenabfindung oder sonstigen Morgengaben.

Und, werte Vorstandselite, so schwer ist's doch

nicht! Die Führungskraft muss man Ihnen ansehen. Begrüßen Sie den Mitarbeiter korrekt und höflich an der Tür Ihres Büros, nicht kurz angebunden hinter dem Schreibtisch. Treten Sie nicht in Hemdsärmeln und oben ohne auf, Krawatte und Anzug-Jackett sind ein Muss. Vergraben Sie Ihre Hände nicht in den Hosentaschen, eine schlimmere Missachtung ist kaum denkbar. Schauen Sie ihn an, gerade im Moment der bitteren Botschaft, die Maserung Ihrer Schreibtischplatte kennen Sie bereits. Ersparen Sie ihm und sich sülzende Worthülsen wie „tut mir ja so leid“ (glaubt er Ihnen nicht), „es gibt einen fairen Sozialplan“ (Sozialpläne sind nie fair), „ich werde alles für Sie tun“ (Sie können nichts tun) oder „Sie können sich jederzeit bei mir melden“ (das ist doch das Letzte, was Sie wollen). Lassen Sie ihn ausreden, nehmen Sie sich Zeit und schicken Sie Ihre drängelnde Assistentin zum Teufel. Beenden Sie das Gespräch erst, wenn der Mitarbeiter Anstalten macht, begleiten Sie ihn zur Bürotür, verabschieden Sie sich ohne falsches Pathos und vermeiden Sie unbedingt kumpelhaften Körperkontakt. Nur mit diesem Gebaren erweisen Sie dem Entlassenen einen wahrhaft noblen letzten Dienst.

Was ein Meister dieses Fachs schaffte: Nach dem Kündigungsgespräch rief der Entlassene seine Frau an: „Schatz, ich bin gerade befördert worden!“ Daumen hoch, mein Herr!

# Lügen Sie grandios!

*Stehvermögen:*
*Folgen Sie nicht dem Haufen*
*kläglicher Lügner dieser Tage.*

# WARUM WIRD SO FALSCH GELOGEN?

Schamlos, dreist, unverfroren, frech: Wenn gelogen wird, sind wohlfeile Moralisten um abstrafende Adjektive nie verlegen. Eine Qualifizierung aber fehlt: stillos. Es wird häufig so stil- und würdelos gelogen, dass alle Berufsempörer und Moralpolizisten still den Dienst quittieren. Wahlurnen sind noch nicht entsiegelt, da kassieren die Sieger ihre Versprechen und wollen es nicht gewesen sein. Klamme Haushaltsverwalter, kümmerliche Akteure in den Unternehmen, klägliche Sport-Betrüger, krude Wahrheitsmemoiren-Schreiber (!): ein stillos Völkchen, das an seinem Ersprochenen ersticken müsste!

Wenn Sie lügen, dann lügen Sie wenigstens richtig.

Ich rate Ihnen: Halten Sie es nicht mit diesen erbärmlichen Zwergen des Zeitgeistes, orientieren Sie sich an den historischen Riesen der Untugend!

An dem legendären Trickser Jean Paul Getty vielleicht. „Reich ist man erst dann, wenn man sich in seiner Bilanz um einige Millionen Dollar irren kann, ohne dass es auffällt." Oder an den schillernden amerikanischen Verleger William Hearst, der seine Blätter einen Krieg gegen Spanien erfinden ließ, um sein Imperium zu retten. Beide haben eines gemein: Sie beherrschten die Stilmittel der Unwahrheit; vor allem die grandiose Lüge wies sie als beherzte Helden und allwissende Experten aus. Seien Sie also nicht kleinmütig, die skrupelhafte Lüge empfinden Sie meist selber als peinlich, Sie sind sich Ihrer Schuld ständig bewusst, und Ihr Umfeld spürt das. Vermeiden Sie die ausweichende Lüge: Sie zeigt Ihre innere Konfusion und lässt Sie billige Ausflüchte zur Ablenkung und Rechtfertigung erfinden. Stecken Sie Ihr „Lügenfeld" exakt ab, Sie laufen sonst Gefahr, in Routine zu verfallen oder aber die Kunst der Unwahrheit ans Unnütze zu verschwenden. Tilgen Sie den Begriff „Notlüge" aus Ihrem Sprachschatz: Sie sind nicht in Not! Wägen Sie die Folgen Ihrer Lüge genau ab, sollte sie enttarnt werden, so muss sie gleichwohl als genialer Versuch taugen.

Schockiert? Dann hilft der alte Wahrheitsfanatiker Voltaire weiter: „Lügen ist ein Laster, wenn man damit Schaden anrichtet, aber eine Tugend, wenn man damit nutzt!“ Und der Mann war ein grandioser Philosoph, ungelogen!

# Denken beim Schenken

*Demutsgeste: Lassen Sie nicht von Angestellten Ihre privaten Dinge erledigen.*

# WARUM SCHENKEN SIE GEDANKENLOS?

Nein, Sie täuschen sich nicht: Immer kommt Weihnachten ganz plötzlich, nahezu überfallartig verkündet der Kalender Jahr für Jahr die schaurige Wahrheit. Das Fest des familiären Unfriedens, das Dorado der gepflegten Ehekrise und des edukativen Super-GAUs ist da, und Sie sind wieder mal nackt. Wieder hat Sie die Panik des Ertappten erfasst, die Fantasielosigkeit lastet wie ein Alb auf Ihnen, und wieder muss die Assistentin den schon mehrmals hilfreichen Juwelier bemühen. Ergebnis: der elfte Brillantring für den zehnten Finger der Gemahlin und ein Weihnachtsabend, gegen den ein Trappistenkonvent eine lärmende Schulklasse ist.

Verehrte Manager, Vorständler und Führungskräfte: Richtig schenken heißt vor allem richtig planen! Eine Eigenschaft, auf die Sie sich sonst doch so viel zugute halten. Die Ausrede, keine Zeit für „solchen Kram“ zu haben, heißt richtig übersetzt: Sie sind schlecht organisiert, legen keinen Wert auf ein ausgeglichenes Familienleben und machen sich in Wahrheit keine Gedanken um andere Menschen. Jetzt, da es zu spät ist, sollten Ihre Geschenke wenigstens den Anschein erwecken, weit vorgeplant zu sein. Verfallen Sie nicht in operative Hektik, nehmen Sie sich fünf Minuten Zeit für jeden Beschenkten und folgen Sie der kleinen Philosophie, wonach es völlig gleichgültig ist, ob es sich um ein kleines, großes, selbstgemachtes oder gekauftes, materielles oder immaterielles Geschenk handelt. Die Zeit ist Ihre Gabe; dass Sie sich Gedanken gemacht haben, die Überraschung. Suchen Sie Antworten auf wesentliche Fragen: Wo liegen die Interessen und Vorlieben? Was habe ich früher geschenkt und was könnte dieses ergänzen? Glauben Sie nicht die Mär, wonach jeder Gutschein eo ipso stil- und fantasielos ist, auch hier machen es der Pfiff und die fünf Minuten. Verhelfen Sie dem symbolischen Geschenk zu einer Renaissance: Ein Gedicht etwa ist auch ein solches.

Gestatten Sie mir also, Ihnen ein Geschenk zu machen, eben ein Poem des von mir hochverehrten Eugen Roth: „Ein Mensch, noch eben prall vor Wut,/ist schnell versöhnt, wird herzensgut,/wenn man ihm sagt, dass man ihn liebt/und ihm zugleich was Schönes gibt.“ Probieren Sie’s!

# Halten Sie die Klappe!

*Lautsprecher: Je öffentlicher, desto intimere Dinge werden am Handy verraten.*

# WARUM VERRATEN SIE GEHEIMNISSE?

Es gibt begründeten Anlass, eindringlich ein stilvolleres Handy-Handling anzumahnen. Oh nein, werden Sie denken, dass wir nicht offen in Restaurants, Zügen oder sonst wo vor mäßig entzücktem Publikum telefonieren sollen, haben uns schon klügere Köpfe geraten. Geschenkt, verehrte Leser, geschenkt! Nur daran gehalten haben sich die Wenigsten. Im Gegenteil – in ihrem eifrigen Mitteilungsdrang erfanden sie flugs eine neue Unart: den öffentlichen Geheimnisverrat. Gönnen Sie sich einmal das zweifelhafte Vergnügen, in einem Großraumwagen der Bundesbahn, beim In-Italiener oder in der Flughafen-Lounge zwei Stunden nur Handy-Gesprächen zuzuhören. Ohne großen Lauschangriff kennen Sie danach intimste Details über Unternehmen, Bilanzen und Personalien.

Die Mechanismen sind die alten, nur die Inhalte sind neu: Ohne jede Scham, ohne ein gesundes Verhältnis zur Diskretion werden der hilflosen Umgebung die Höhe der Unternehmensverluste, die grassierende Unfähigkeit des Managements (sich selbst immer ausgenommen), die Abfindungssummen der „freigesetzten“ Mitarbeiter, ja sogar strategische Details der Restrukturierung verraten. Liebe Gschaftler und Wichtigtuer: Halten Sie die Klappe! Niemanden Ihrer meist anonymen Mithörer geht das etwas an, das sind vertrauliche Informationen, und sie sind es aus gutem Grund. Sie weisen sich damit nicht gerade als diskrete und also geeignete Führungsperson aus, sondern als eine aufgeblähte Plaudertasche, die die eigene Bedeutung an der Anzahl der starrenden und staunenden Mithörer misst. Hier nochmal zum Ausschneiden: In öffentlichen Räumen und vor Publikum beschränkt sich das Handy-Gespräch auf allgemeine Themen, wird es geschäftlich-vertraulich, verlassen Sie den Raum oder vertagen sich auf später. Lässt es sich nicht vermeiden, fassen Sie sich kurz, weisen Sie freundlich auf Ihren Aufenthaltsort hin und legen Sie einen Termin für einen Rückruf fest.

Johannes Gross, Journalist und legendärer Sezierer menschlicher Schwächen, traf den Punkt: „Handy-Wichtigtuer beweisen in Wahrheit, dass sie keine Stellung innehaben, zu deren Prestige auch die Nichterreichbarkeit gehört. Wer überall angepiepst werden darf, gehört zum Personal.“ Wozu gehören Sie?

# Schalten Sie runter!

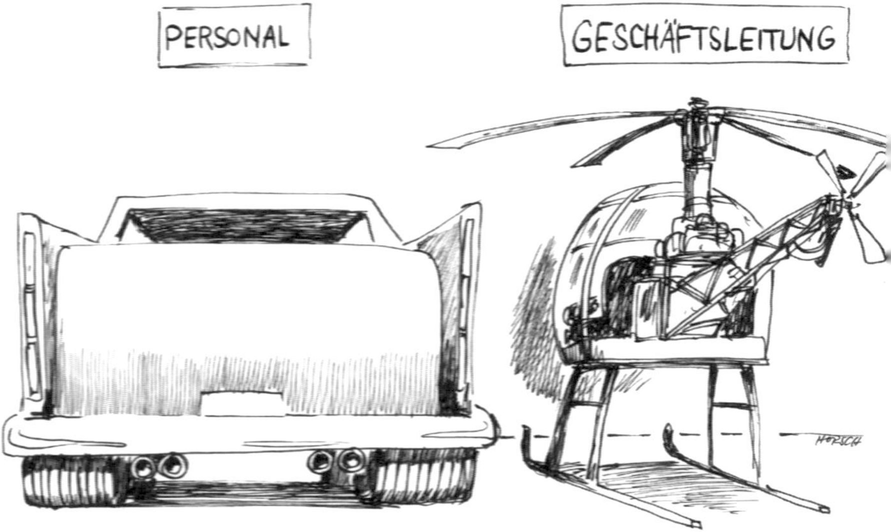


*Größenwahn: Üben Sie Bescheidenheit und stecken Sie beim Dienstwagen zurück.*

# WARUM DEFINIEREN SIE SICH ÜBER IHREN DIENSTWAGEN?

Alles redet vom Aufschwung, und das nun seit Jahren! Doch die nackten Zahlen lehren uns Demut und gemahnen zur Geduld. Folgerichtig saust der Rotstift weiter über die Budgets und gebiert dabei Absurdes und Naives. Ein Bereich aber wird immer wieder weiträumig umfahren: die Dienstwagen. Rotstiftfreie Zone! Verbrannte Erde, vor der die Erbsenzähler zurückschrecken wie der Klosterschüler vorm Bahnhofsviertel. Bloß nicht daran rühren, Dienstwagen sind eine Frage des Ranges, der austarierten Hierarchie, sollen gar eine Unternehmenskultur widerspiegeln. Legendär der Aufstand der Belegschaft einer Frankfurter Zeitung, als diese ihren sündhaft teuren Fuhrpark drastisch verkleinern wollte. Persönlichkeitsbildung durch Pferdestärken.

In Wahrheit sind diese Führungskraft-Fahrzeuge längst zu Geltungstriebwagen degeneriert, verplempern die Unternehmen beträchtliche Ressourcen mit der Verwaltung ihrer Gefährte und verlieren die Mitarbeiter über den neidischen Vergleich von Ledersitzen oder Navigationssystemen den Blick fürs Wesentliche. Es sind nicht die Zeiten, sich postpubertären Machogefühlen hinzugeben und die misstrauische Nachbarin mit poliertem, aber eben geliehenem Blech zu Neidanfällen zu treiben, weil ihr Gatte nur die Netzkarte für den öffentlichen Nahverkehr gesponsert bekommt. Mein Rat: Stecken Sie zurück! Wird Ihnen ein Firmenwagen angeboten, zwingt Sie niemand, Nein zu sagen. Aber bei Auswahl und Ausstattung ist Bescheidenheit Pflicht und keine Zier. Sie signalisieren damit, dass Ihnen andere Dinge wie ein halbwegs sicherer Arbeitsplatz und ein auskömmliches Gehalt wichtiger sind. Sie zeigen ein ausgeglichenes Persönlichkeitsbild, das sich nicht über Breitreifen, Auspuffrohre oder Motorleistung definiert. Vermeiden Sie Sportversionen, auffallende Farben, wägen Sie Sonderausstattungen sorgfältig ab und entfernen Sie die Typenschilder. Sie fahren ein Auto, kein Statussymbol!

Beispiel gefällig? Klaus-Peter Müller, Vorstandssprecher der Commerzbank, verzichtete auf einen Mercedes S 500 und wählte ein kleineres Modell der Sternfabrik. Neben die Demonstration von Bescheidenheit setzt er die der Glaubwürdigkeit: So lassen sich Einschnitte in Gehalt und Weihnachtsgeld leichter rechtfertigen.

# Reden Sie frei!

*Kunstsprecher:*
*Die Technik hat*
*der freien Rede*
*den Garaus gemacht.*

# WARUM LESEN SIE VON FOLIEN AB?

Manch großer Held versteckt sich in Randspalten ungelesener Zeitungsrubriken. Edward R. Tufte kennen nur wenige aus den Wissenschaftsseiten. Dabei kritisiert er eine Geißel unseres Jahrzehnts: Microsoft PowerPoint. Das Programm entstelle jeden Inhalt, kritisiert der Wissenschaftler, und sei deshalb auch schuld am Absturz der amerikanischen Raumfähre Columbia vor einigen Jahren. Die technischen Probleme, die von einem Start hätten abraten müssen, seien den Verantwortlichen nicht etwa mündlich oder in einem ausführlichen schriftlichen Bericht zur Kenntnis gebracht worden, sondern in einer PowerPoint-Präsentation. Das im wahrsten Wortsinn explosive Material der Folien blieb unentdeckt.

Immer schon geahnt, haben wir jetzt endlich Gewissheit: Ein PowerPoint-Vortrag richtet traurige Verheerungen an. PowerPoint ersetzt Esprit durch Typografie, seine Satzstümpfe verhindern Zwischentöne. PowerPoint hat tumbe Vorleser produziert und die Kunst der freien Rede damit eliminiert. Die Angst vor dem rhetorisch geschliffenen Vortrag wird durch eine Folie gebannt. Wo Sie hinhören: Parlamente, Unternehmer- oder Gewerkschaftskongresse, überall wird abgelesen, werden folientaugliche, gestanzte Schlagwortsätze verbreitet. Der Bundestag hat immer wieder die Idee verworfen, Manuskripte oder Notizen zu verbieten, um den freien Debattenbeitrag zu fördern. So stammeln sie weiter. Mein Rat: Machen Sie die freie Rede in Ihrem Unternehmen zur Pflicht und schicken Sie PowerPoint zurück in Bill Gates' Garage. Üben Sie die lebendige Ansprache, alles, was Sie sagen, muss beim Zuhörer zum „Kino" im Kopf werden. Schauen Sie Ihr Auditorium an, würzen Sie Ihre Rede durch überraschende Wendungen und geistvolle Sottisen. Verstecken Sie sich nicht hinter einem ausladenden Rednerpult, sondern setzen Sie

Ihre Körpersprache, Mimik und Gestik sparsam, aber gezielt ein.

So kann die Unterstützung Ihrer Rede durch Handzeichen Wunder wirken! Aber Vorsicht: Der erhobene Zeigefinger geht nur in der Volkshochschule, gespreizte Zeige- und Mittelfinger auf keinen Fall vor Gericht. Sie kommen damit zwar auf alle Titelseiten, bringen aber Ihren Imageberater um den Verstand und sich um die Wirkung Ihres Wortes.

# Verabreden Sie sich!

*Augenleiden: Moderne Kommunikation lässt das Gespräch sterben.*

# WARUM SIND SIE SO UNVERBINDLICH?

Die Kommunikationstechnologie hat uns zu Beziehungstechnologen gemacht. Mobilfunk, SMS, E-Mails, Handhelds und Blackberry haben Wege verkürzt, schwarze Löcher gestopft und Menschen einander näher gerückt. Sie haben aber auch lebenskulturelle Errungenschaften wie die persönliche Begegnung, die Verabredung und ihre Einhaltung oder traute Zweisamkeit mechanisiert. Die Unverbindlichkeit regiert das Zusammenleben. Das „schaun mer mal“ einer traurigen Lichtgestalt ist zum Claim eines kabel- und daher zügellosen Kommunikationsgebarens geworden.

Weil ich jeden überall jederzeit erreichen kann, muss ich mich nicht mehr festlegen, Netzwerke werden vermittels der elektronischen Hilfsmittel geknüpft und gepflegt, private Termine hingegen zur Verfügungsmasse in den Kalendern. Wie oft ist es Ihnen in Wahrheit schon passiert, dass längerfristige Verabredungen kurz vorher per Handy mit einem knappen „geht doch nicht, melde mich wieder“ perdu waren? Dass der Wunsch nach einem Wiedersehen statt mit einem konkreten Termin mit einem lakonischen „wenn ich in der Nähe bin, klingele ich kurz durch“ beschieden wurde. Die von allen Wichtigen begehrteste Erfindung, das Handheld Blackberry, fügt dem eine neue Variante hinzu: Sie sind mit dem handlichen Gerät ständig online und können, gleich von welchem Ort, via Mail Ihre Unlust an persönlichen Begegnungen senden und auch empfangen.

Machen Sie kehrt! Die Verabredung und das Vier-Augen-Gespräch sind durch keine Funktechnik zu ersetzen. Halten Sie sich an Termine und nehmen Sie sich Zeit für Menschen, die Ihnen auch im Geschäftsleben etwas bedeuten. Lassen Sie sich nicht über Handy oder E-Mail versetzen. Schalten Sie öfter mal ab!

Ron Sommer, der über Allmachtsphantasien gestolperte Ex-Telekom-Chef, erzählt gern die Geschichte von zehn amerikanischen Kollegen: Neun besaßen den neuen IT-Spion Blackberry von T-Mobile, einer ein anderes, nicht funktionierendes Handheld. Da kamen die neun und sagten: „Thank you, Ron.“ Wir fragen ganz unverbindlich: „Why, Ron?“

# Stehen Sie auf!

# WARUM DUCKEN SIE SICH WEG?

Es bewegt sich was, und endlich in die richtige Richtung: Hartz IV, Arbeitszeiten und Föderalismusdiskussion. Warum aber hält sich die erste und zweite Führungsebene dieses Landes bedeckt, macht sich klein und lässt die Diskussionen in absurde, clowneske Bahnen driften? Wenn ver.di-Bsirske und Metall-Peters die schlichten Gemüter dieser Republik mit noch schlichteren Parolen auf die Straßen hetzen, weil angeblich die kollektive Verarmung und die herzlose Enteignung von Kindersparbüchern drohen, dann tun sie das ungestraft und – von wenigen müden Funktionärsbeiträgen abgesehen – auch unwidersprochen. Dieses Land lässt sich willen- und widerstandslos von Betonköpfen und Berufsspruchbeuteln vorführen. Wo ist die Stimme der Vernunft?

Verehrte Manager, Führungseliten und solche, die es werden wollen: Leider ist das nur das Spiegelbild der traurigen Zustände in Ihren Unternehmen. Zivilcourage, Widerspruch und eigene Meinung sind unpopulär, hindern am teflonglatten Aufstieg und werden mit Mobbing nicht unter mehreren Jahren bestraft. Wer kennt sie nicht, die Meetings, in denen jeder so lange rumeiert, bis der Chef sich geäußert hat. Dann wird mit Verve die Fahne gehisst, nach dem Motto: „Ganz meine Meinung, wollte ich auch gerade sagen!“ Die wenigen Aufrechten werden gewarnt („rede nie, bevor Müller geredet hat“), die vermeintlich Nassforschen mit Häme überschüttet („was redest du auch vor Müller“) und im besten Fall als „undiplomatisch“ geschmäht. Durchbrechen Sie diese Mechanik! Eine eigene Meinung zeugt von einem ausgeprägten und gebildeten Charakter, von dem Ihr Unternehmen nicht so viele hat. Sie beweisen damit Führungskompetenz und heben sich von der Masse der Angepassten ab. Stehen Sie auf und stehen Sie dazu, auch außerhalb des Unternehmens.

Anlässe gibt es immer wieder genug. Einer waren, Höhepunkt der Verirrungen, die aus Protest gegen Hartz IV wieder aufgenommenen Friedensgebete in Leipzig. Für was, bitte, beteten die plötzlich verarmten Bürger dort? Für den Erhalt des dritten Jahresurlaubes und die Unantastbarkeit der Kindersparbücher? Wie wär's mit diesem Gebet: Herr, schmeiß Hirn vom Himmel und verteil's an die Bedürftigen. Amen!

# Weg mit den Vorsätzen!

*Querdenker: Schaffen Sie den Nadelstreifen ab,*
*aber nicht das Lachen.*

# WARUM FASSEN SIE GUTE VORSÄTZE?

Der Deutsche liebt das Ritual, das überlieferte, das kommode, das meist nutzlose. Gute-Vorsätze-Fassen an der Schwelle zu einem neuen Jahr ist auch so eines. Als wenn der Wechsel der Kalenderzahl die letzte Möglichkeit auf dem Weg zum guten Menschen sei, werden gnadenlos hoch beseelte Vorhaben formuliert. Mehr Sport, weniger Rauchen, mehr Familie, weniger Büro, mehr Ich, weniger Chef. „Die übelsten Werke sind stets mit den erhabensten Vorsätzen begonnen worden", sagte Oscar Wilde. Der Mann hat Recht! „Gute Vorsätze" ist das Vokabular der Sozialarbeiter und Gutmenschen und gehört auf den Index!

Kein Mensch braucht gute Vorsätze, um ein besserer Mensch zu werden. Kein Mensch braucht alberne Ratgeber oder die Mechanik eines Kalenders, um über sein Leben nachzudenken. Der erhobene Zeigefinger der moralinsauren „Kehre-auf-den-rechten-Weg-zurück“-Bücher oder TV-Sendungen richtet sich in seinem Absolutismus selbst: „Sprechen Sie Ihren Vorsatz vor Ihrem Partner oder Freunden laut aus“, „Planen Sie genau, wie Sie mit Versuchungen und Hemmnissen umgehen werden“ oder „Lassen Sie sich von Rückschlägen nicht aus der Bahn werfen.“ So ein Tinnef! Glauben Sie mir: Das Leben funktioniert hervorragend ohne gute Vorsätze, wenn man ein Ziel hat, wenn man weiß, wohin man will, und genauso gut weiß, wohin man auf gar keinen Fall will. Probieren Sie's – wenn überhaupt – mal mit (vermeintlich) schlechten Vorsätzen. Werden Sie zum Beispiel weniger verbindlich, Sie können nicht alle Mitarbeiter gleich behandeln. Nehmen Sie sich das Recht, schlechte Laune zu haben und dies auch zeigen zu dürfen! Sagen Sie nicht ständig „ist schon okay“ oder „kein Problem“. Nichts ist immer okay oder problemlos, schon gar nicht, wenn Sie schlampige Arbeit geboten bekommen. Wehren Sie sich klar und bestimmt gegen Einschleimer und Blender!

Es gibt nur einen guten Vorsatz, den ich gelten lasse: Ich will mehr lachen. Spötter behaupten, der Nadelstreifenanzug verhindere das Lachen, da der quergezogene Mund nicht zu den Längsstreifen passe. Schaffen Sie die Nadelstreifen ab, aber verzichten Sie nicht aufs Lachen. Die Zukunft wird ernst genug, lachen Sie ihr ins Gesicht!

# Zeigen Sie mehr Mumm

# WARUM BÜRSTEN SIE NICHT WIDER DEN STRICH?

Eigentlich sind diese wankelmütigen Zeiten ideal für Fighter, für Steher, für Leute mit Rückgrat.

Selten war die Gelegenheit, sich vom Strichgebürsteten zu entfernen, dem Polittalkshow-Mainstream zu widerstehen, für eine Minderheitsmeinung zu kämpfen und sich nicht hinter pomadigen Verbänden zu verstecken, so günstig wie jetzt. Ex-Kanzler Schröder und sein denkwürdiges Demokratieverständnis, Müntefering und seine prähistorische Stammtischökonomie, der deutsche Papst und seine vermeintliche Betontheologie: Themen wie geschaffen für Gegenstromschwimmer. Aber nix da, eine einzige Wüstenei, das Lager der Mutigen ist leer, alle übergelaufen in die Zeltstädte der Duckmäuser.

Warum nannte den nicht weichenden Kanzler niemand einen stillosen Verlierer? Der überdies der Demokratie mit seinem Sonnenköniggehabe nicht gut getan hat. Warum nur war es so schwer, aufzustehen gegen den fahrlässigen Schwadroneur Münte, diesen einfach gewebten Gemütsakrobaten im heimeligen Mief der Antiglobalisierung? Was darf er denn noch alles aus der Asservatenkammer des Klassenkampfes hervorkramen, bevor die Schar der Führungskräfte in den deutschen Unternehmen sich nicht mehr auf ihre kümmerlichen Lobbyisten verlässt, sondern den Widerstand selbst in die Hand nimmt? Warum nur ist es so schwer, einen deutschen Kardinal, der als Hüter der reinen Lehre klare Kante gezogen hat und also nichts anderes als seinen Job gemacht hat, gegen den Mainstream eben dafür zu verteidigen? Warum weist niemand, der der katholischen Kirche dient oder dem sie am Herzen liegt, offensiv den gestanzten, aber offenbar telegenen Schwachsinn der üblichen Verdächtigen zurück, die zudem jederzeit ungefragt kundtun, wie wurscht ihnen der ganze Verein ist?

Liebe Unternehmer, liebe Kirchenfürsten, liebe Wichtige: Persönlichkeit hat etwas mit Mumm zu tun, mit einer Geisteshaltung, die sich mit Durchschnitt und Mittelmaß nicht verträgt. Man muss Sie schon sehen und hören können, wenn Sie etwas Besonderes sein wollen. Warum ärgern Sie sich nicht über den Sitzenbleiber im Kanzleramt? Warum setzen Sie nicht Müntefering einen derben Klotz auf seinen Populismus-Keil? Warum freuen Sie sich nicht über einen deutschen Papst, der durch Stringenz und pointierte Meinungen aus einer schwabbeligen Puddingwelt hervorsticht?

„Das Große geht mit dem Kleinen, aber es meidet das Mittelmaß“, sagt der indische Nobelpreisträger Rabindranath Tagore. Gehen Sie mit den Kleinen und machen sich dadurch groß!

# Blenden Sie die Blender

# WARUM FALLEN SIE AUF DAMPFPLAUDERER HEREIN?

Diese Republik hat einen unerfreulichen Paradigmenwechsel hinter sich. Sie wertet das Ereignis stärker als das Ergebnis. Sie hat sich den Blendern, Angebern und medialen Kunstgeschöpfen zugewandt. Die redlichen, bescheidenen, natürlichen, die wirklichen Leistungsträger verrichten dagegen ihr Tun abseits einer subjektiven, geschönten Öffentlichkeit. Der Schein muss es sein, die Tat ist doch fad!

Keiner entlarvt die fragilen Konstrukte, keiner sieht dahinter, keiner ruft: „Der Kaiser ist nackt“! Da führte ein Politiker über Jahre alle Popularitätslisten an, lag in allen Umfragen vorn, seine reale Leistungsbilanz ist allerdings, höflich gesagt, als recht übersichtlich zu bezeichnen. Joseph Fischer hat sich inszeniert, hat geschickt an der Sozio-Romantik gearbeitet, dass seine Karriere vom Steinewerfer zum Außenminister die Republik erwachsen werden lasse. Und Sie werden sehen: Solch zeitgeistiges Geschwafel in zu erwartender Buchform (auch Memoiren genannt) wird ein Renner. Da wird uns Jahr für Jahr weisgemacht, das Weichei auf zwei Rädern, Jan Ullrich, werde ganz bestimmt in diesem Jahr zu einem ganz großen Pedaltreter und den bösen Onkel Armstrong endlich in Grund und Boden fahren. Und jedes Jahr klappt es nicht, und jedes Jahr ist etwas anderes schuld. Und Sie werden sehen: Der Fallsüchtige wird uns Jahr für Jahr wieder als Beispiel für Willenskraft und Durchsetzungsfähigkeit präsentiert.

Da müssen wir Sonntag für Sonntag eine Quasselrundenmoderatorin ertragen, deren größte Leistungen das elegante Übereinanderschlagen ihrer schönen Beine und das grazile Halten ihrer Gedächtnisstützen aus Pappe sind. Und Sie werden sehen: Sabine Christiansens Aufstieg zum Star und gesellschaftlichen Mittelpunkt Berlins ist unaufhaltsam! Ich flehe Sie an: Verschaffen Sie der ehrlichen Leistung in Ihrem Unternehmen wieder Geltung. Reißen Sie den Blendern und Kunstgeschöpfen die Masken vom Gesicht, und beurteilen Sie nach Können, nicht nach Wollen oder den Einflüsterungen des Zeitgeistes. Man kann ein Land nicht mit Egoisten und Selbstdarstellern verändern. Lassen Sie sich bei der Beurteilung von öffentlichen Personen nichts vormachen: Dampfplauderei und Scheinleistung sind out!

Ziehen Sie daraus Konsequenzen. Ignorieren Sie das nächste Buch des Politikerdarstellers Fischer, konzentrieren Sie sich bei der kommenden Tour de France auf ehrliche Leistungsträger, und nutzen Sie den Sonntagabend zu erquicklichem Tun. Jeder Blender hält sich für ein großes Licht. Machen Sie es aus!

Mode ist ein Zwang, Mode ist eben in Mode. Mode ist zugleich der größte Verführer, sie verführt zu großem Mut oder falscher Bescheidenheit. Laut und grell oder leise und grau: Die Fettnäpfchen in der Businesswelt liegen nie so eng beieinander wie bei der Frage, was man darf oder nicht darf.

# MODE

# Ziehen Sie sich an!

*Körperkultur: Konventionen beim Dresscode sind unerlässlich.*

# GLAUBEN SIE DER WISSENSCHAFT?

Ein englischer Anthropologe verglich die hierarchischen Lebensformen eines amerikanischen Unternehmens mit denen der sogenannten Wilden im afrikanischen Busch. Ergebnis: In beiden Welten herrschen die gleichen Riten, hier der westliche Anzug, dort die konformistische Stammeskleidung. Nur der Chef und der Häuptling durften aus der Reihe tanzen. Wie im richtigen Leben also!

Wie aber verträgt sich das mit unserer Sommermode? Das Stadt- und Landvolk vergeht sich mit der Treffsicherheit eines Vorschlaghammers auf das Scheußlichste und Schamloseste am guten Geschmack. Wie viel Fantasie darauf verwandt wird, Auge und Nase des Mitmenschen zu beleidigen, zeigt sich in der heißen Jahreszeit. Die Businesswelt aber glaubt, solche wissenschaftlichen Erkenntnisse ausreichend verinnerlicht zu haben und richtet die Geschmacksverirrten. Weiße Socken: verboten; Spaghetti-Träger-Tops: verpönt; offener Hemdkragen: verrufen. Aber Pustekuchen: In deutschen Büros herrscht keineswegs der korrekte Dresscode, es wird nur subtiler gesündigt!

Das kurzärmelige Hemd ist nicht passé – immer wieder das pure Nichts unter dem Anzugärmel. Die Sandale quietscht weiter auf teutonischen Bürofluren, nur teurer und mit italienischem Design. Auch der offene Hemdkragen ist in Wahrheit nicht verschwunden, mit der kleinen Freude an der List gibt es jetzt Hemden, die oben gar keinen Knopf mehr haben, den Rest verdeckt die locker gebundene Krawatte. Ich rate Ihnen: Glauben Sie der Wissenschaft und bleiben Sie in der Reihe! Das kurzärmelige Hemd bleibt das Accessoire des rheinischen Taubenzüchters, die Sandale ist mit der schmählichen Niederlage der römischen Prätorianergarde untergegangen, und der offene Hemdkragen sollte bestenfalls den Parteitag des SPD-Unterbezirks zieren. Kaufen Sie sich locker gewebte Hemden, das sorgt für frische Luft und macht kurze Ärmel überflüssig. Krawatten sollten wenig Innenleben haben, der einfache Strickbinder aus Seide oder Baumwolle macht auch den geschlossenen Hemdkragen erträglich. Tragen Sie leichte, leinengefütterte Schuhe des Typs Oxford oder Loafer.

Aber bitte mit Strümpfen: Der nackte Fuß gehört in den Busch. Siehe oben!

# Mut zum Hut!

*Spitzenreiter: Der Hut feiert ein Comeback.*

# WARUM SCHEUEN SIE DIE KOPFBEDECKUNG?

Lassen Sie sich nichts einreden: Wir leben in schönen Zeiten. Pseudomoralische Gesetzmäßigkeiten und alberne Tabus fallen wie Dominosteine, unsere postrevolutionären Besserwisser und in die Jahre gekommenen Gutmenschen verlieren ihr selbst verliehenes Recht, unsere Mode auf den Index zu setzen. Nur zu gern haben sie der deutschen Tugend gehuldigt, um keinen Preis auffallen zu wollen, nicht herauszuragen aus der Masse der Gedeckelten. Bestenfalls die politisch korrekte Kratz-Wollmütze aus dem Ökoladen durfte es sein! Galt die Kopfbedeckung bei den Römern als Zeichen der Freiheit, so wurde sie bei uns hingegen lange als ein Signum des Großkapitals, als Ausdruck präseniler und jedenfalls rückständiger Gesinnung oder als Dienstmütze der Ausbeuter geschmäht. Unsere gefühligen Moderichter haben aus Hutablagen Plattformen für gehäkelte Klorollen und Wackeldackel gemacht.

Lassen Sie sich sagen: Der Hut ist kein politisches Manifest, er ist ein Kleidungsstück, ein sehr elegantes dazu. Er gewinnt ständig neue Anhänger, unter jungen Menschen allzumal, die verschiedenen Kopfbedeckungen in Musikclips und auf Laufstegen zeugen davon. Und neben dieser modischen Rehabilitation ist eine praktische Seite dieses Accessoires bei allen Vorurteilen nicht zu leugnen: Der Hut schützt im Winter vor Kälte und Feuchtigkeit, im Sommer vor Hitze. Legen Sie sich leichte Modelle für beide Jahreszeiten zu, der steife Filzhut ist nun wahrlich passé. Hüte sind heute weich und bequem, Sie können sie auch zu sportlichem Outfit tragen, durchaus auch mal in die Manteltasche knautschen. Motto: Trage nie einen Hut, der mehr Persönlichkeit hat als du! Beherzigen Sie neu behütet die Regeln der Altvorderen: Männliche Hutträger lupfen ihn zum Gruß und nehmen ihn in geschlossenen Räumen ab, Damen sollten die richtige Größe wählen, um nicht vom Gesicht abzulenken. Überlassen Sie diese Unsitte den Engländerinnen von Ascot!

Joanne K. Rowling, Erfinderin des Neuzeit-Helden Harry Potter, hat der Kopfbedeckung zu einem gebührenden Comeback verholfen. Ihr sprechender Hut prahlt stolz: „Setzt mich nur auf, ich sag euch genau, wohin ihr gehört, denn ich bin schlau.“ Wollen Sie wissen, wohin Sie gehören? Tragen Sie Hut!

# Wachen Sie auf!

# WARUM TRAGEN SIE CORDANZÜGE?

Trends, so weiß der Volksmund, sind launisch, unberechenbar und selten von Dauer. In unseren Zeiten aber ist einer so hartnäckig wie Berti Vogts zu seinen schlimmsten Terrierzeiten: der Retrotrend. Als wollten wir die Gegenwart nicht wahrnehmen, flüchten wir tränenfeuchten Auges zu allem Gestrigen und glorifizieren die Vergangenheit. Wir Erwachsenen werden immer kindischer und sehnen uns die wohlige Nestwärme Erhardscher Wirtschaftswunderzeiten herbei. Das Ergebnis: der Cordanzug oder, wie die Zukunftsforschung ihn emotionslos nennt, „der nostalgische Aktualisierer“. Breitcord als Verdrängungsmuster!

Da wandelt er nun und will nicht weichen: In allen horriblen Farben dominiert er das Straßenbild, die Konfektionsabteilungen auch gediegener Institute preisen ihn mit entrückter Impertinenz und Basedow'schen Reflexen. Ohne ihn wäre der SPD-Parteitag modische Einöde und die Verleger, Autoren und beflissenen Besucher der Frankfurter Buchmesse nackt wie der Kaiser des Märchens. Er ist so trendy wie Großmutters Napfkuchen, so locker wie Stehempfänge der Freimaurer und so modisch wie das Politbüro der SED! Mit Verlaub: Wo leben Sie eigentlich? Wachen Sie auf, ein neues Jahrtausend ist gut fünf Jahre alt, wir empfangen gestochene Farbbilder vom Mars und kommandieren das größte Passagierschiff der Welt mit einem Joystick. Nehmen Sie sich ein Beispiel an unseren Nachbarn: In England und Frankreich ist das Teil schlicht unverkäuflich. Dort werden Sie den Cord in ländlichen Gegenden bestenfalls auf dem Pferd oder im Schweinestall finden. Der Gedanke mag Sie quälen: Aber als Ersatz für das immer gleiche graue Businessmodell taugt der Cord nicht. Variieren Sie lieber die Stofffarben Ihrer Büroanzüge oder entschließen sich zu einer Kombination aus dunkler Hose und wie auch immer geartetem Blazer oder Sakko. Einzig die Cordhose findet Gnade, diese aber auch nur am ereignislosen Bürotag oder Wochenende!

Stoppen Sie die fortschreitende Vergangenheitsverklärung! Auf der Internet-Seite „bankazubis.de" darf ein Stift unter dem Stichwort Unternehmenskultur ungestraft den Cordanzug als adäquates Kleidungsstück feiern. Wehret den Anfängern, sie sind vielleicht noch zu retten.

# Mantel ist ein Muss!

*Haltungsfrage: Der Deutsche liebt den Mantel nicht.*

# WARUM TRAGEN SIE KEINEN MANTEL?

Es muss endlich wieder mal die Rede sein von der gleichmacherischen Uneleganz des deutschen Straßenbildes und dem mangelnden Mut der Trendsetter, vermeintlich peinlichen und ausrangierten Kleidungsstücken zu einer Renaissance zu verhelfen. Wenn's kalt wird in Deutschland, hüllt sich das Volk in Decken. Wie sonst soll man die modischen Verirrungen nennen, mit der sich die deutsche Businesswelt vor Minustemperaturen schützt? Blousons, fellbesetzte Parkas, Anoraks, Goretex-Jacken: Das ganze Programm scheußlicher Freizeitkleidung bestimmt das Bild der dem Kontor zustrebenden Elite. Allein, was fehlt, ist der Mantel. Der einfache, der große, der elegante, meinetwegen auch der glamouröse, egal, wenn wir ihn denn nur wieder sehen könnten.

Übertrieben vielleicht die Annahme, der Mantel stehe wie Hut und Zigarre als Sinnbild für Manchesterkapitalismus auf dem Index der 68er, lästerlich die Vermutung, der Überzieher erschwere das Tragen von Rucksäcken, bösartig auch die Deutung, der Paletot hebe seinen Besitzer unschicklich von der Masse ab: Irgendeinen Grund, warum der Mantel nicht mehr getragen wird, muss es wohl geben. Aber, liebe Mantelverächter, glauben Sie wirklich, Sie sehen in Ihrer grünen Pferdedecke, vulgo Barbour-Jacke, ernstzunehmend aus? Damit können Sie vielleicht den Niedergang der englischen Fuchsjagd gebührend begleiten. Sind Sie restlos überzeugt, dass der Parka mit Fellkragen, mit dem Sie im besten Fall den Eskimos Kühlschränke verkaufen sollten, Ihr seriöses Auftreten unterstreicht? Fürchten Sie nicht, durch das Tragen von Blousons zur Aktentasche für einen „Schlafe-bis-zur-Pension-durch“-Beamten gehalten zu werden? Besinnen Sie sich: Der Mantel ist ein Stück zeitloser Eleganz, er verändert Ihren Gang, er weist Sie als selbstbewusst und stilsicher aus. Der Mantel ist ein Muss!

Ein Beispiel für Mantelmut war das SPD-Denkmal Carlo Schmid, sagt die Legende. Seine lebenslange Mitgliedschaft in der proletarischen Arbeiterpartei habe ihn nicht davon abhalten können, sich im hohen Alter den eleganten Abend-Paletot mit großem Überwurf und Samtkragen zu wünschen. Er trug ihn stolz, mit Frack und Zylinder. Chapeau, Genosse!

# Runter mit den Gläsern

# WARUM VERDUNKELN SIE IHR GESICHT?

Die gleißenden, heißen Tage bringen einen Gegenstand wieder ans Licht, der inzwischen mehr albernes Mode-Accessoire denn unerlässliches Hilfsmittel geworden ist: die Sonnenbrille. Hatten wir uns gerade entspannt zurückgelehnt, weil Deutschlands berühmtestes Exemplar mit seinem Träger, dem abständigen Volksbarden Heino, in Rente will, und uns mit dem aufgesetzten Humbug des Modegurus Karl Lagerfeld („Die Brille ist mein mobiler Lidschatten") ausgesöhnt, gibt das Brillengebaren einer großen Zahl vermeintlich stilprägender Zeitgenossen hinreichend Anlass für ein paar Richtigstellungen.

Liebe Entscheider und Business-People: Warum sehen Sie ab einer gewissen Zeit im Frühling immer alle aus wie der ausgewanderte Mezzogiorno? In

Süditalien mag das ein Erkennungszeichen für die ehrenwerte Gesellschaft oder ein manifestes Machoinstrument sein, aber da scheint wenigstens im erwähnenswerten Ausmaß die Sonne. Hier sind die Sonnenstunden jedenfalls – trotz üppiger Sommer – derart überschaubar, dass die mit Fleiß begangenen Stillosigkeiten mit der Sonnenbrille sich von selbst entlarven. Ein Heer von Blautuchträgern, die nichts dabei empfinden, jederzeit mit den Leibwächtern ihrer Vorstandsvorsitzenden verwechselt werden zu können. Mit verspiegelten Modellen auf der Nase, die vielleicht dem Führungspersonal des horizontalen Gewerbes zur Ehre gereichen, nicht aber Managern, die so viel Zeit darauf verwenden, ernst genommen zu werden. Die Sonnenbrille hat sich zum modernen Maskenersatz entwickelt. Motto: „Mich siehst du nicht; wenn du mich anschaust, wirst du dich sehen." Das Glas als starker Panzer für die schwache Persönlichkeit.

Glauben Sie es mir: Es macht einen verheerenden Eindruck, wenn Sie Ihrer Umgebung Unnahbarkeit und Mafioso-Kälte signalisieren. Setzen Sie

Ihre Sonnenbrille nur auf, wenn Sie das helle Licht stört, nehmen Sie sie in jedem Fall zur Begrüßung und zu Beginn eines Gesprächs ab, auch im Freien. Ein kleiner Tipp für Lichtempfindliche: Sind Sie zu sehr geblendet, greifen Sie zur „Rotkäppchen"-Entschuldigung („... damit ich Sie besser sehen kann") und setzen die Brille wieder auf.

Ein Bruder im Geiste hat ein diesbezüglich starkes Beispiel gegeben: Bundespräsident Köhler, obwohl stark lichtempfindlich, verzichtete bei der Amtseinführung des neuen Papstes lange auf seine Sonnenbrille, weil er sie bei einem solchen Anlass für unangemessen hielt. Erst ein Kardinal befreite ihn von seinen Zweifeln. Stilistisch ein Sonnenstrahl, Herr Präsident!

# Zeigt her eure Füße!

# WARUM TRAGEN SIE SO SCHEUSSLICHE SCHUHE?

Ich will nicht verhehlen, dass ich mir geschworen hatte, nie über Schuh- und Strumpfmode zu schreiben. Aber die geschmacklichen Verheerungen in der untersten Körperregion nehmen derart garstige Züge an, dass ich bei aller Beherrschung nicht mehr an mich halten kann. Man ist versucht zu glauben, dass es einen geheimen Komment in der Businesswelt gibt: Wie du unten aussiehst, ist nicht mehr so wichtig. Die Füße stehen doch immer unter irgendeinem Konferenz- oder Restauranttisch.

Wer auch immer es war, der die eisernen Moderegeln für Schuhe und Strümpfe außer Kraft gesetzt hat, er gehört öffentlich derbster Schmähungen ausgesetzt. Plötzlich werden braune Schuhe zum grauen oder dunkelblauen Anzug getragen, so braun, dass das Auge gepeinigt zu tränen beginnt. Es lugen Strümpfe unter der Hose hervor, so scheußlich, als hätten ihre Träger irgendeine Altkleidersammlung aufgekauft. Wir haben es plötzlich mit Schuhformen zu tun, breit und klobig, dass deren Paten in der Abteilung Fußball- oder Wandertreter vermutet werden müssen. Liebwerte Führungskräfte: Machen Sie sich doch mit Verve zu Hause hässlich! Da können Sie, wenn's denn den Lieben konveniert, mit Adiletten und Ringelsöckchen rumlaufen. Oder mit den hellbeigen flugzeugträgerbreiten Tretern die Rabatten der Gemahlin platt machen. Aber im Büro haben diese Machwerke nach wie vor nichts zu suchen. So sei es noch mal gesungen: Die Kombination brauner Glattlederschuhe zum Anzug erfordert so viel Geschick, dass Sie's besser gleich sein lassen und zum klassischen schwarzen Oxford greifen. Mehrfarbige Schuhe ziehen üblicherweise die Höchststrafe für modische Verirrung nach sich. Und dass die Strümpfe bis zum Knie gehen sollten, lesen Sie jetzt auch nicht das erste Mal. Socken sollten zudem farblich nicht heller als die dazu getragenen Schuhe sein.

Nichts braucht mehr Pflege als eine Freundschaft und ein Paar alte Schuhe, weiß der Volksmund. So sollten sie dann aber auch aussehen. Entweder Sie legen selbst Hand an oder beglücken die ehrbare, aber rare Einrichtung eines Schuhputzers (s. Seite 129). Leben Sie, wenn nicht auf großem, so doch unbedingt auf sauberem Fuß!

Lebensart verbindet oder grenzt ab. Lebensart gibt eine bestimmte Haltung vor, ohne die der Mensch leer und ausdruckslos bleibt. Froh und heiter oder frustriert und hämisch: Der leitende Mitarbeiter gibt mit seinem Beispiel die Grundstimmung in seiner Umgebung vor.

# LEBENSART

# Setzen beim Essen!

*Schreibtischtäter: Die deutsche Esskultur liegt danieder.*

# WARUM ESSEN SIE SO ÖFFENTLICH?

Die New Economy ist lange wieder alt, der casual Friday tot, das wahllose „Wir-sind-alle-so-gut"-Duzen out, aber eine Unsitte sollen wir offenbar als Testament vollstrecken: die Nahrungsaufnahme der Eiligen, der Wichtigen, der nach Höherem Strebenden. Im Stehen, im Gehen, in der U-Bahn, im Museum, an einfach jedem denkbar unpassenden Ort wird gegessen und getrunken. Essen ist Müßiggang, soll uns das lehren, wer sich für so etwas Zeit nehmen kann, ist gescheitert, ein Gestrandeter der Leistungsgesellschaft, der mampfend Schwäche kompensiert. „Lunch is for losers", verspritzte der Neue Markt einst sein vergiftetes Moralin.

Vergessen Sie diesen Schwachsinn, das ist die Botschaft der wahren Verlierer. Wo der Neue Markt hingekommen ist, wissen wir noch, und dahin gehören auch seine Essmanieren. Oder halten Sie es etwa für einen Ausweis von Führungsqualitäten, mittags bei fünf Grad minus, notdürftig gewärmt durch Heizstrahler, einen kärglichen Salat zu inhalieren? Sind massive Belästigungen anderer durch Essgeräusche und Businessgespräche mit vollem Mund ein ernsthaftes Zeugnis sozialer Kompetenz? Wähnen Sie sich wirklich vor dem Karrieresprung, wenn Sie Ihre Pizza am Arbeitsplatz zerteilen, weil Sie Unentbehrlichkeit signalisieren müssen und mit dem Duft drittklassiger neapolitanischer Küche doch nur den Großraum verärgern? So wird's nix, glauben Sie mir! Wenn Sie denn den Versuchungen der Imbissbude so gar nicht widerstehen können, essen Sie dort, aber bitte nicht im Büro. Besser aber, Sie nehmen sich die Zeit einer ordentlichen Mittagspause und wählen die Stätte der Nahrungsaufnahme mit Sorgfalt aus. Setzen Sie sich an einen Tisch und essen Sie in Ruhe, die gesundheitlichen Auswirkungen hastig verschlungener Nahrung sollten sich herumgesprochen haben. Trinken Sie den finalen Kaffee im Restaurant, ohne Hast, und verzichten Sie so auf die Teilnahme am urdeutschen Wettbewerb um die trostloseste Mittagspause.

So vermeiden Sie zudem, sich in den tiefsten Abgrund deutscher Ess- und Trinkkultur zu begeben. Die grassierenden Coffeeshops, die uns steifen Germanen mediterrane Lässigkeit vorgaukeln sollen, verkaufen ihr Gebräu in Pappbechern. Espresso aus Pappe! O mamma mia Italia, ich schäme mich!

# Schämen Sie sich nicht!

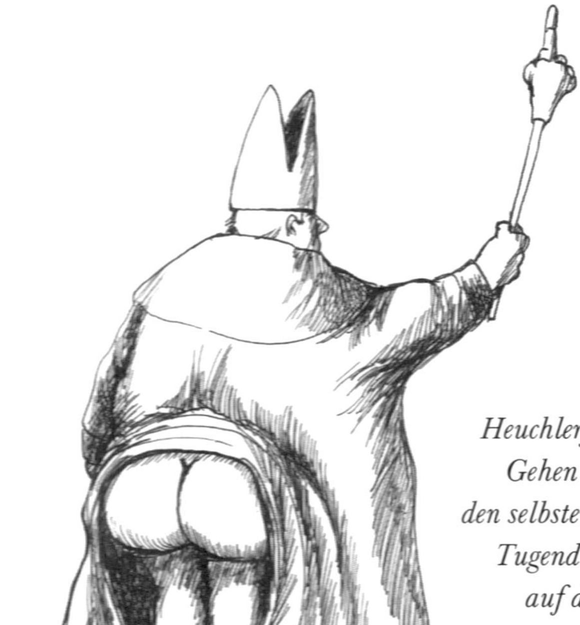

*Heuchlerfraktion: Gehen Sie nicht den selbsternannten Tugendwächtern auf den Leim.*

# WARUM GÖNNEN SIE SICH NICHTS MEHR?

Dass es in der Welt von Heuchlern wimmelt, ist keine neue Erkenntnis. Wohl aber, dass die Zahl jener unerquicklichen Spezies in harten Zeiten rapide zunimmt. Die Herrschaften, deren Protzattribute in den tollen Tagen des Börsenhypes jede Stilgrenze mühelos unterschritten, hüllen sich dann plötzlich in Sack und Asche, verstecken ihre Hormontriebwagen, streifen verschämt ihre Milieu-Chronometer vom Handgelenk und lassen es nur noch anonym auf karibischen Kreuzfahrten krachen. Es fließen geschmacklose Krokodilstränen, weil in Zeiten des allgemeinen Niedergangs sich jeder seines kleinen Wohlstandes offenbar zu schämen hat.

Sie auch? Meiden Sie plötzlich den teuren Fresstempel in der Furcht, von Ihrem Chef dort gesehen zu werden? Sind auch Sie schuld daran, dass die Bundesbahn ungestraft den Speisewagen, die Lufthansa ihre First Class abschaffen durfte? Wem sind Sie es schuldig, in Bahn und Flugzeug eingepfercht Semmeln zu essen, die bestenfalls der Kautschukindustrie zur Ehre gereichen? Wollen Sie ungerührt zuschauen, wie jede Form der Annehmlichkeit, jeder noch so leichte Anflug von Luxus dem räudigen Zeitgeist des Todsparens geopfert wird? Lassen Sie sich nicht irremachen von den politisch korrekten Heuchlern: Sie müssen sich nicht verstellen. Sie haben früher nicht geprotzt und tun es jetzt nicht. Sie haben sich Ihre Position und damit Ihr Gehalt hart erarbeitet, Sie haben die Stürme der vergangenen Monate auch deshalb überstanden, weil Ihre Qualitäten geschätzt werden. Ein bisschen mehr Selbstbewusstsein darf da schon sein. Ein privater Restaurantbesuch, dessen Rechnung die – willkürliche – Grenze der Heuchlerfraktion übersteigt, sollte Sie nicht schrecken: Er ist allein Ihre Sache. Urlaube, annehmlicher als in der Pension „Erika“ im Hinterharz, dienen Ihrer Erholung, somit also Ihrem Arbeitgeber und sollten Ihnen ein bisschen Luxus wert sein.

Sie müssen es in diesen trüben Zeiten ja nicht gleich mit dem Bonvivant und Spötter Oscar Wilde halten: „Man versehe mich mit Luxus. Auf alles Notwendige kann ich verzichten." Aber gönnen Sie sich den vergleichsweise preiswerten Luxus, sich treu zu bleiben. „Heuchelei ist die Tugend des Feiglings", weiß Voltaire. Es war schon schwerer, mutig zu sein.

# Steigen Sie runter!

*Geltungstriebwagen: Mit dem Jeep zur Friedensdemo geht nicht.*

# WARUM FAHREN SIE EIN SUV?

Der einzige, der wahre Grund für das andauernde amerikanische Desaster im Irak waren ihre SUV. Noch nie gehört? Nein, kein neues wüstentaugliches Glattrohr, SUV sind „Sport Utility Vehicles“, vulgo Geländewagen oder Jeeps. Dieser benzinfressende amerikanische Freiheitstraum, in dem kein Gelände, kein Berg und kein Wasser den Drang an die Spitze behindern und der in den USA öfter als herkömmliche Autos verkauft wird. Diese nicht eben taufrische Deutung, die aber so trefflich ins gefügte Weltbild vom ölsaufenden Cowboy passt, verdanken wir den eifrigen Gutmenschen im alten Europa, die auf Demonstrationen den verhassten Amis mit Vorliebe „Kein Blut für Öl“ entgegenschleudern. Dass viele dieser allwissenden Herrschaften ungerührt ihre hochbeinigen, postmilitärischen Edeljeeps auf eben jene Friedenshappenings kutschieren, muss uns nicht stören: Bei denen kommt das Benzin ja aus dem Ökoteich!

Ach, wir Deutschen sind so erfrischend berechenbar. Für eine Revolution kaufen wir eine Bahnsteigkarte und unser Pazifismus endet vor der eigenen Garage. Wir fahren mit einem umweltschädigenden Vehikel zum internationalen Kongress „Rettet den Froschlaich" und kontern Kritik am kriegerischen Karren abwechselnd mit der Sicherheit unserer Kinder, dem unvergleichlichen „Offroad-Erlebnis" oder der erhöhten Sitzposition. Mit Verlaub: Das alles ist so glaubhaft wie die These, der Minirock sei eine Reaktion auf die Erderwärmung. Wenn es Ihnen um die Sicherheit der Kinder ginge, müssten Sie die martialischen Stoßstangenkonstruktionen, gerne auch als „Kuhfänger" verharmlost, abschrauben. Haben Sie Ihren SUV je auf einer wilden Piste gequält? Wo doch gerade in Deutschland ein ungewaschenes Auto nachgerade karriereschädigend ist. Und wenn Sie mal wieder höher sitzen wollen, fahren Sie mehr Bus oder lassen sich wie in Studentenzeiten von einem Brummifahrer als Anhalter chauffieren. Aber machen Sie aus dem Weg zur Arbeit oder zum Kindergarten keine kriegerische Handlung.

Selten sind die Heimsuchungen misslungener Bildungsversuche so offenbar geworden: Benzinverschwendung und Umweltschutz, Friedensdemo und Militaria-Accessoire, Jeep und Pazifismus, alles soll zusammenpassen. Steigen Sie runter!

# Schlafen Sie aus!

*Fitnesswahn:*
*Chronisch*
*unausgeschlafene*
*Manager*
*bringen nichts.*

# WARUM DIESER FITNESS-WAHN?

Das unterbeschäftigte Heer von PR-Beratern und Personality-Trainern hat sich mit einer unerträglichen Masche verewigt: Wo immer und wann immer ein frisch installierter Vorstandsvorsitzender der detailgierigen Öffentlichkeit präsentiert wird, fehlt in nicht einem Porträt der Hinweis auf seine unermüdlichen Anstrengungen, fit zu sein und fit zu bleiben. Jogging-Runden vor dem ersten Hahnenschrei, vierzig Minuten unfallfreies Trimmradfahren und Bergsteigen so steil, dass sie im Stehen grasen könnten. Dazu der ständige Hinweis, dass die wirklichen Götter der Wirtschaft mit ganz, ganz wenig Schlaf auskommen: Der Sechzehn-bis-achtzehn-Stunden-Tag ist die Regel. Konditionelle Wundermänner allesamt.

Ja fein, meine Herren! Aber warum merken wir

von alldem nichts? Warum ist die Entwicklung Ihres Unternehmens reziprok zu Ihren sportlichen Anstrengungen? Lauter ach so fitte Vorständler haben einige Dax-Firmen dermaßen atemberaubend nach unten gemanagt, weil sie offenbar chronisch unausgeschlafen sind. Pfeifen Sie auf das zeitgeistige Geschwätz von karrierefördernder Fitness, streichen Sie Ihren teuren PR-Berater von der Gehaltsliste und schlafen Sie morgens zwei Stunden länger! Ein Mensch, der bis Mitternacht arbeitet und morgens um fünf schon wieder durch städtische Grünanlagen hecheln muss, der ist nicht fit, der ist fertig! Er setzt sich einem Jugendlichkeitszwang aus, der seinen eigentlichen Aufgaben im Weg steht und damit einer gedeihlichen Entwicklung seines Unternehmens. Zu geistiger Frische gehört weniger ein gestählter Körper als vielmehr Entspannung und Freizeit oder gemeinsame Zeit mit der Familie und Freunden. Und noch eines: Sie müssen nicht ständig sechzehn oder achtzehn Stunden arbeiten, außer Sie berauschen sich gern an der eigenen Unentbehrlichkeit. Nehmen Sie sich mehr Auszeiten, die

Sie aber bitte nicht mit Ihrem Personal Coach verbringen, der will nur an Ihrer politisch korrekten Vita basteln!

Weil es mir so ernst ist, begehe ich nun ein Sakrileg und verbiege den viel gerühmten Eugen Roth. Nur ein klein wenig und nur zu Ihrem Nutzen: „Ein Mensch sagt – und ist stolz darauf – er geh' in seiner Fitness auf. Bald aber, nicht mehr ganz so munter, geht er in seiner Fitness unter."

# Trinken Sie den Index!

*Schampusbad:*
*Der Champagnerindex*
*trügt nicht.*

# WARUM VERSCHENKEN SIE KEINEN CHAMPAGNER?

Ihr Blick trügt Sie nicht, der Kalender ist unbestechlich: Silvester ist Silvester und da geht üblicherweise ein Jahr zu Ende. Sie sinken meist erschöpft und von Sinnen in die Weihnachtsdekoration, erfreuen sich der eigenen Bedeutung und des guten Jobs und schauen bang nach vorn. Was bringt das nächste Geschäftsjahr, welche Frühindikatoren belügen Sie diesmal, welche Indizes wiegen Sie trügerisch in Sicherheit? Ifo-Index: super! US-Wirtschaft: hebt ab! Exportaussichten: top! Champagner-Index: tote Hose!

Der Champagner-Index, verehrte Leser, entscheidet in hohem Maße über das kommende Geschäftsjahr, denn er bewertet Ihre Zuversicht für die Zukunft, und die zeigt sich in der Gegenwart. Wie haben Sie es denn dieses Jahr mit Kundengeschenken gehalten? Wieder nur die knickrige Nummer „… spenden wir auch dieses Jahr einen namhaften Betrag einer karitativen Organisation“? Und da, wo es sich gar nicht vermeiden ließ, das Sixpack von Rotkäppchen? Oder gehören Sie zu den Trendsettern, die nicht vergessen haben, dass eine positive Grundstimmung und also ein erfolgreicher Start ins neue Jahr sich auch in wertvollen Geschenken und großzügigen Gesten ausdrückt? Champagner ist wieder „in“! Zaudern Sie nicht und nehmen Sie ihn auf in die Reihe Ihrer Firmengeschenke. Bedenken Sie damit die Kunden und Freunde, die zusammen mit Ihnen schwere Zeiten durchgestanden haben. Fügen Sie eine handgeschriebene Karte hinzu, auf der Sie sich für eben diese Zeiten bedanken und Ihrer festen Zuversicht Ausdruck verleihen, dass das nächste Jahr ein Kracher wird. Laden Sie herausragende Mitarbeiter zu einem Essen in einen gehobenen Fresstempel ein und beginnen Sie mit einer Runde Schampus. Versprühen Sie Optimismus und infizieren Sie Ihre Truppe damit! Der Champagner-Index steigt in höchste Höhen.

Gestatten Sie mir, Ihrer möglichen Skepsis mit einem absolut hochkarätigen Zeugen zu begegnen. Der von jedem Betriebs- und Volkswirt kniefällig verehrte Ökonom John Maynard Keynes schied mit den Worten dahin: „Ich hätte mehr Champagner trinken sollen!“ Leben Sie wohl! Prost!

# Probieren Sie's!

*Putzteufel: Öffentliche Dienstleistung hat bei uns einen Beigeschmack.*

# WARUM LASSEN SIE SICH NICHT BEDIENEN?

Selten ist in der Diskussion über die „Servicewüste Deutschland" die andere Seite der Medaille zu ihrem Recht gekommen. Der Service in diesem Land ist nicht so hundserbärmlich, weil das Volk nicht bedienen kann, sondern weil es nicht bedient werden will. Weil die ausgreifende Sozialdemokratisierung den Deutschen einredet, öffentlich bedient zu werden sei peinlich, da es immer auf dem Rücken der Bedienenden stattfinde. Merke: Wer sich die Schuhe putzen lässt, im Supermarkt die Tüte packen oder sein Reisegepäck tragen lässt, ist ein Kapitalist schlimmster Manchesterprägung. Er knechtet und herrscht. Er erniedrigt und verachtet. Er beutet aus!

Probieren Sie's aus: Setzen Sie sich bei einem der wenigen Schuhputzer, die es in deutschen Städten wieder gibt, auf den Stuhl. Blicke und Kommentare der Passanten könnten auch einen verurteilten Steuerhinterzieher nicht ärger treffen. Einpackhilfen an der Kasse oder Gepäckträger auf dem Bahnsteig stehen sich die Beine in den Bauch – dienen sie ihre Hilfe an, werden sie mit einem entrüsteten „Das kann ich selbst“ davongejagt. Die Deutschen lassen sich nicht gerne zusehen, wenn sie etwas serviert bekommen. In den eigenen Wänden ja, dann auch rüder, dann darf die ausländische Putzhilfe auch geduzt und herrisch kommandiert werden. In der Öffentlichkeit aber sind wir korrekt, sehen den Schuhputzer lieber auf dem Arbeitsamt als an seinem Stand, wünschen der Einpackhilfe einen „ordentlichen“ Beruf und dem Gepäckträger einen „verdienten“ Ruhestand. Pfeifen Sie auf diesen Humbug! Es ist nichts, aber auch gar nichts Ehrenrühriges daran, sich öffentlich die Schuhe putzen oder das Gepäck tragen zu lassen. Vermitteln Sie dem Dienstleister den Stolz auf sein Handwerk und behandeln Sie ihn mit Respekt und Interesse. Wenn Sie ihm Trinkgeld geben, lassen Sie es nicht wie

Almosen aussehen, sondern wie der berechtigte Lohn für Ihre Zufriedenheit.

Als in Berlin ein neues Luxushotel eröffnete, stellte es – ich verneige mich vor so viel Wagemut – einen Schuhputzer ein. Dieser wünschte sich am ersten Arbeitstag, dass der Ehrengast Hans Eichel zu ihm komme und sich die Schuhe putzen lasse. Der Sozialdemokrat ging – natürlich vorbei!

# Leben Sie nur wohl!

# WARUM VERFALLEN SIE DEM WELLNESS-WAHN?

Dieses Volk liebt seine Götzen und schafft sich mit Akribie Ersatzreligionen. Wellness, Fitness, Anti-Aging – angebetete Begriffe, aufgestellt wie Altäre von einer Generation, der die höheren Werte abhanden gekommen sind. Kommt im Kollegenkreis das Thema Urlaub auf, geloben selbst pumperlgesunde Zeitgenossen, sie wollen diesmal nun endlich auch Wellness-Urlaub ausprobieren; kaum ein Mittagessen, bei dem nicht zum probiotischen Joghurt noch eine Flasche Wellness-Wasser eingefüllt wird. Eine ganze Industrie gaukelt uns mit schamloser Einfalt die ewige Jugend vor und zwingt jedem ein schlechtes Gewissen auf, der sich noch nie zu sphärischen Klängen Öl über die Kopfhaut hat rinnen lassen. Willkommen im Käfig des Wellness-Wahns!

Wellness ist in Wahrheit der alberne Versuch, sich über den Zustand der Gesundheit hinaus wohl fühlen zu wollen. Ja, wir sollen uns wohl, gesund und fit fühlen. Und wir müssen mehr dafür tun, weil diese Zeiten uns und damit unsere Konstitution erheblich mehr fordern als früher. Aber die Auswüchse dieser Götzenkultur nehmen inzwischen groteske Züge an. Nicht jedes Hotel, das seine Email-Badewanne mit einem Whirlpool mit mehr als zwei Knöpfen ersetzt, ist deswegen schon eine „Wellness-Oase". Und der Umbau des Gerätekellers zur Nasszelle macht noch kein „Spa" aus. Der nur noch mit Mitteln der Satire zu verstehende Versuch der Bekleidungsindustrie, uns mit „Wellness-Socken" zu beglücken, zeugt mindestens davon, wie groß die Abhängigkeit von der Ersatzreligion bereits ist. Widerstehen Sie dem Götzendienst! Klären Sie für sich, welche Entspannung Ihnen gut tut. Wenn Sie sich wohl fühlen, ohne Ihre Abende und Wochenenden in Muckibuden oder „Wellness-Oasen" verbringen zu müssen, ist das keine Schande. In jedem Fall schauen Sie den Anbietern genau auf die Finger und trennen Sie die erstklassigen Häuser von den Schaumschläger-Werkstätten.

Vielleicht versuchen Sie es aber auch mit einem realistischen Gesundheitsbegriff, den wir dem Philosophen und Existentialisten Friedrich Nietzsche verdanken: „Gesundheit ist dasjenige Maß an Krankheit, das es mir noch erlaubt, meinen wesentlichen Beschäftigungen nachzugehen." Frohes Schaffen!

# San’s angrührt!

*Griesgram:*
*Ständiges Beleidigtsein*
*eint die Deutschen.*

# WARUM SIND SIE BELEIDIGT?

Da sprach er ein großes Wort, der Willy Brandt selig, und wusste nicht, wie Recht er haben sollte: Jetzt wächst zusammen, was zusammengehört. Endlich sind die Ostdeutschen in der Kunst des ständigen Beleidigtseins auf dem Niveau des Westens angelangt. Und das in weniger als zwanzig Jahren! Respekt! Dabei glaubten wir Wessis doch, wenigstens darin unschlagbar zu sein. Da kommen diese Sachsen, Mecklenburger, Thüringer, Brandenburger und sind wegen ein paar Reformen, die aus passiven Stützeempfängern wieder aktive Arbeitnehmer machen sollen, kollektiv beleidigt. Fühlen sich um ihre Lebensleistung betrogen, herabgestuft, zurückgesetzt. Und ziehen schmollend um die Häuser, mit Vorliebe montags.

Verehrte DDR-Genesende: Willkommen im vereinten Deutschland. Diese teutonische Depressionstheatralik macht aus uns wirklich ein Volk. Wegen erstaunlicher Kleinigkeiten ziehen wir die Schnute, fühlen uns gering geschätzt und wandern in die innere Emigration. Diese deutsche Unart macht auch vor Führungskräften nicht Halt. Lehnt der Chef eine gute Idee ab, nehmen wir das persönlich. Wieso hat der was gegen mich? Gehaltskürzungen, Dienstwagenherabstufung, Großraum- statt Einzelbüro, auf dem Gang nicht gegrüßt werden, in der Kantine den Salat verpasst und vom Pförtner die Tür nicht aufgehalten bekommen: alles epochale Gründe für prächtiges Beleidigtsein. Mit Verlaub: Sie haben ein Persönlichkeitsproblem! Beziehen Sie nicht alle Widrigkeiten auf sich. Versehen Sie Ihren Job mit mehr Selbstbewusstsein und Gleichmut. Und mit Humor! Ständig beleidigte Menschen haben keinen Humor und sehen die Wirklichkeit nur noch durch die schwarze Brille des vermeintlichen Statusverlustes. Stehen Sie über den Dingen und denken Sie dran: Was kümmert's den Mond, wenn der Hund ihn anheult! Es gibt Menschen und Kollegen, die können

Sie gar nicht beleidigen. Es gibt sogar manche, die sind gar nicht satisfaktionsfähig.

Wohl den Nationen, die schon ihre Sprache vor dem Beleidigtsein schützt. Die Österreicher, die sich ständig um ihr kaiserliches Großreich betrogen sehen, sind nicht beleidigt, die sind „ang(e)rührt". Bittschön: San's angrührt, net ständig beleidigt! Küss die Hand!

# Sie sind nicht krank!

# WARUM REDEN SIE IMMER ÜBER DIE GESUNDHEIT?

So viel Wechselstimmung war nie! Das Land scheint aufzuwachen, vom Eise der Political Correctness und des verordneten Denkens befreit, werden die rot-grünen Ersatzreligionen verbannt, aufdringliche Gutmenschen werden verdienter Vergessenheit anheim fallen, aggressives Gesundheitsgetue wird uns nicht länger ein lustvolles Leben vergällen. Denn, frei heraus: Es gibt Wichtigeres als die Gesundheit!

Dieser Wohlseinswahn hat Werte wie Liebe, Geborgenheit, ein ausgefülltes Familien- und Berufsleben oder die Sorge um den Nächsten verdrängt. Es gibt kaum mehr ein Gespräch ohne ausführliche Schilderung der Gebrechen und Zipperlein, keinen Geburtstagswunsch ohne den Beginn „... wünschen wir vor allem Gesundheit". Bei alldem verwundert nur, dass die Ersatzreligionsführer uns nicht den Pflichthinweis „Die EU-Gesundheitsminister: Leben gefährdet Ihre Gesundheit!“ aufgezwungen haben. Fangen Sie an mit dem Gewohnheitswechsel, und hören Sie ab sofort auf mit den Fitness-Floskeln! Als Erstes sollten Sie sich den Standardwunsch „Gesundheit“ abgewöhnen, wenn einer in Ihrer Umgebung niest. Der ist nicht krank, dem kribbelt’s in der Nase, schlimmstenfalls ist er erkältet und bedarf zur Genesung keiner öffentlichen Anteilnahme. Sodann sollten Sie sich die mitteilungsgetriebenen Krankheitsschwätzer vom Hals halten. Wer ständig andere ungefragt mit seinen körperlichen Verheerungen belästigt, ist sicher krank, aber eben nicht körperlich! Antworten Sie ruhig, aber bestimmt, dass das seine Privatsache sei, die Sie nicht interessiere und auch nichts angehe! Wenn er nicht einlenkt, brechen Sie das Gespräch ab, manche brauchen eben die stilistische Keule. Warum sind Sie nicht Vorbild für Ihre Mitarbeiter und verströmen fröhliche Lebenslust? Das öffentlich verordnete schlechte Gewissen hat ausgedient!

Ein Geheimtipp für Feldversuche ist das Frühstück in einem Business-Hotel. Das Buffet quillt über vor gesunden Speisen, alles so frisch und korrekt, Körner in allem und auf allem. Setzen Sie sich an einen Tisch, und bestellen Sie bei der Bedienung ein doppeltes Spiegelei mit Speck und Toast. Und zwar am Tisch serviert! Das verrutschte, fassungslose Antlitz der Buffet-Fachkraft entschädigt Sie für alle Unbill, die der Tag noch bereithält. Wohlsein!